SITUATION
DE LA FRANCE
EN AVRIL 1849.

HOMMAGE A SES CONCITOYENS
de Saône-et-Loire,

PAR

Hector D'AUBIGNY,

Maire de Clermain.

Vox populi suprema lex esto.

L'avenir seul nous appartient, ne regardons point en arrière; mais fixons nos regards vers l'horizon qui se déploie devant nous.

Il s'agit de diriger notre beau pays dans les voies les plus larges et les plus sûres, en évitant tous les écueils contre lesquels il pourrait se briser.

Je ne me flatte pas de répandre personnellement une vive lumière dans l'atmosphère un peu sombre qui nous environne. Mais, si les enfants de la même patrie doivent, dans les circonstances périlleuses, se réunir en un seul cœur, en une seule intelligence, à ce titre, je viens vous exposer loyalement mes idées les plus intimes sur la situation de la France.

Les hommes de bien sont aujourd'hui si près de s'entendre en matière politique, qu'il serait à jamais déplorable de prolonger cette sorte d'équivoque fatale qui semble encore les partager. Ces divisions chimériques quant au fond, mal définies quant à la forme, sont désastreuses quant aux résultats ; elles paralysent les forces vitales du pays, elles tarissent dans son sein la source de toute prospérité, de toute grandeur.

Chers Concitoyens, il faut un terme à cette position, il faut que l'ordre se consolide, il faut que la confiance renaisse.

Je ne m'adresse ici qu'aux hommes raisonnables ; cette désignation implique la presque totalité du peuple français, et cela me suffit.

Eh bien ! Messieurs, je vous le demande, quelle serait l'incalculable puissance des partis modérés, se donnant la main et dépouillant sagement leurs prétentions exclusives pour n'avoir plus ensemble qu'un même intérêt, un même but ? Cette puissance, Messieurs, de la France honnête réunie en un faisceau, serait telle, qu'à son seul aspect le génie du mal tomberait anéanti, et l'hydre à deux têtes, dont chacune porte au front l'un de ces mots funestes : *Socialisme et Drapeau rouge*, n'affligerait plus l'humanité de ses hurlements impuissants.

C'est donc uniquement faute de s'entendre, peut-être même faute de se *comprendre*, que les *Modérés*, qui composent la nation presque entière, laissent ainsi végéter leur pays dans une situation ruineuse, et qui peut aboutir à une irréparable catastrophe. Cruel malentendu ! dont la France entière a gémi trop longtemps, et auquel nous adjurons tous les honnêtes gens de mettre un terme.

Sur quoi reposent nos dissentiments? Il est temps enfin que nous le sachions bien.

Examinons froidement.

Avant d'aborder le fond de la question, réduisons-là d'abord à son expression la plus simple. Trop de personnes s'embrouillent dans la supposition d'une foule de partis qui n'existent pas, ou qui existent si peu, que nous pouvons raisonnablement ne pas admettre leur existence. Je ne parle point ici des soi-disant *Socialistes* ni des démagogues furieux connus sous le nom de *Rouges ;* avec ces gens-là il n'y a rien à faire que la répression.

Y aurait-il des Orléanistes et des Impérialistes? Si vous me dites qu'il en existe, je m'en rapporte à vous. J'aime mieux cela que d'être chargé de les découvrir. Napoléon est bien mort, je pense ; il a, dans son rapide passage, sillonné l'Europe comme un météore lumineux, mais sanglant. Il a buriné dans l'histoire des pages glorieuses et des pages désastreuses ; et, dans sa chute de colosse, il nous a légué pour adieu un million d'hommes de moins, un milliard de dettes de plus, et nos frontières amoindries. S'enthousiasme qui voudra sur de semblables résultats; mais Dieu nous garde d'insulter à sa grande ombre, ni d'oublier qu'il délivra la France du *sans-culottisme* et la dota d'institutions grandes et utiles, écloses de son cerveau fécond.

Quoi qu'il en soit, il paraît aujourd'hui manifeste aux yeux des plus clairvoyants qu'il ne fût qu'un de ces phénomènes, instrument de Dieu même, pour de hautes missions, et dont l'existence s'est brisée à l'heure marquée dans les combinaisons providentielles. Nul doute que ce grand homme n'ait été à la fois le premier et le dernier de sa race.

Cet illustre nom figure, il est vrai, à la tête de notre jeune République; nous y avons applaudi nous mêmes et contribué dans nos faibles moyens. Mais le neveu de l'Empereur est doué d'un jugement trop éclairé pour rêver un empire chimérique, et qui, dans tous les cas, ne saurait être que transitoire.

Si le parti napoléonien n'est pas sérieux, comme dynastie, le parti orléaniste dynastique n'est-il pas lui-même à l'état de chimère ridicule?

Eh quoi! cette monarchie éclose des pavés de Paris en 1830; cette royauté bâtarde, ne représentant ni l'hérédité, ni l'élection, violant à la fois l'un et l'autre de ces grands principes, et les escamotant tous deux à son profit; cette espèce de quasi-légitimité qui, pendant dix-huit ans, a pressuré la France sans gloire ni dignité, et l'a fait gémir sous le poids de ce malaise indéfinissable, qui résulte d'une position illogique et contradictoire; cette dynastie, enfin, qu'un souffle vient de renverser sans qu'elle laissât aucune trace apparente de regrets ni de dévouement, viendrait à renaître de ses cendres!

Mais il faudrait un *phénix* pour opérer ce prodige : ce phénix, ne le cherchez pas. Eh! qui donc, Messieurs, aurait cette idée inqualifiable de restaurer cette lignée, malgré tout, et surtout malgré elle? Je ne parlerai pas du roi déchu; sachons respecter le repos auquel il aspire, à bon droit. S'agirait-il d'une régence? Une régence, grand Dieu? Qui donc respecterait assez peu le bon sens public, pour oser faire une pareille motion dans un moment comme celui-ci? Serait-il question des princes de cette famille; du quel, je vous prie? Et, d'ailleurs, pourquoi celui-ci plutôt que celui-là; plutôt que vous ou moi?

Laissons ce jeu, interrogez donc chacun de ces princes, qui sont, à tout prendre, de bons et braves jeunes hommes? Demandez-leur quelles sont encore aujourd'hui leurs prétentions personnelles à relever un trône d'aventure, et s'ils se proposent de donner un nouveau croc-en-jambe à l'ordre héréditaire? En un mot, si, dans l'éventualité d'un retour à la monarchie, ils entendraient disputer le pas au chef déshérité de leur illustre famille, au seul et unique représentant du principe monarchique, au fils du généreux *duc de Berry*?

Leur réponse, croyez-moi, ne se fera pas attendre; elle dissipera tous vos doutes, et vous fera conclure avec moi, avec tout le monde, que de même qu'il n'y a jamais eu, qu'il n'y aura jamais au monde que deux principes de gouvernement : le système *électif* et le système *héréditaire;* de même, il n'y a, il ne peut y avoir aujourd'hui, en France, que deux combinaisons possibles : la *République* ou *Henri V*.

Ne sortez pas de là ; là est le port, hors de là, l'abîme.

Plaignons les esprits faux qui, en dehors de ces deux grands partis nationaux, iraient s'égarer dans des sentiers perdus, au lieu de suivre la grande voie libre et sûre qui s'ouvre devant nous pour diriger la France sans révolutions et sans secousses, au-devant des destinées nouvelles qui lui sont réservées.

Ici, Messieurs, la question que nous agitons se resserre, Dieu merci, dans des limites plus étroites ; vous êtes presque tous convaincus qu'il n'y a plus aujourd'hui en France que deux partis. Mais, combien je serais plus heureux encore, si j'arrivais à vous persuader qu'il n'y en a réellement, et tout bien considéré, qu'*un seul;* ou tout au moins que la fusion entre ces deux opinions ne tient peut-être plus qu'à une explication franche et loyale ; et que si elle n'a pas encore lieu dans tous les esprits, elle s'opère déjà de fait dans le plus grand nombre.

En effet, Messieurs, nous disions et nous étions d'accord que nous n'aurions plus dorénavant de choix à faire qu'entre deux combinaisons seules logiques, seules reconnues par la sagesse des nations : le principe d'élection et le principe d'hérédité. Ces deux principes sont tous deux équitables, tous deux rationnels, tous deux acceptables, et les peuples ont un droit égal à s'imposer l'un ou l'autre en vue de leurs intérêts et de leur sécurité.

Admettons, comme axiome, que toute forme de gouvernement doit avoir pour but unique le bien des peuples.

Tout républicain qui anathématiserait d'une manière absolue le système monarchique, ne serait qu'un sot, comme aussi de son côté tout monarchiste qui condamnerait sans exception toutes les républiques, serait lui-même un niais. N'y a-t-il pas eu des républiques florissantes et des monarchies qui ne l'étaient pas moins?

Républicains de bonne foi, monarchistes sincères, ont puisé dans leurs consciences un droit égal à leur estime mutuelle et à la confiance de leurs concitoyens.

Telle est mon opinion, et je n'en démordrai pas.

Ici se trouve naturellement réservée la question de savoir si dans telle circonstance, tel peuple doit s'accommoder mieux d'une république ou d'une monarchie. Cette question, toute locale, c'est aux nations elles-mêmes à la résoudre selon leurs inspirations sympathiques; elles en ont le droit et le moyen, surtout lorsqu'elles jouissent comme nous en principe et en fait de l'application du suffrage universel.

Quant à présent, nous avons un fait accompli, nous vivons sous le régime républicain, et je crois fermement me rendre ici l'écho de la majorité des Français, en disant que nous l'avons accepté cordialement.

Son avènement nous délivrait d'un régime dont l'existence irrationnelle opprimait nos consciences en faussant notre jugement.

Nous avons, je le répète, salué avec bonheur cette jeune République qui nous conviait autour d'elle au nom de la fraternité, et nous apportait avec un rameau d'olivier, l'abolition de la peine de mort en matière politique, l'abolition du serment et le suffrage universel. Prêtons-lui un loyal concours afin qu'elle puisse accomplir la belle œuvre de conciliation.

Croyez-moi, mes amis, c'est une expérience solennelle et suprême que la France accomplit en ce moment. Il importe au plus haut point qu'elle soit complète et sincère.

Jusqu'ici notre jeune République n'a eu de notre part qu'un généreux concours ; sachons encore ne rien négliger pour la consolider et la préserver de tout écueil funeste.

Pour la délivrer des monstres qu'elle avait eu l'imprudence de réchauffer dans son sein, et qui menaçaient de la dévorer, ne lui avons-nous pas tous, sans distinction, fait un rempart de nos corps ? Persistons, nous sommes dans la bonne voie.

Je sais, chers concitoyens, qu'en m'instituant défenseur du régime républicain, dont les résultats ne répondent point encore à nos souhaits, je m'expose à ne point plaire à la plupart d'entre vous ; je sais comme vous, que la République n'a plus aujourd'hui de nombreux adeptes, et qu'un prédicateur de cette doctrine s'expose à enseigner quelque peu dans le désert. Neanmoins, rien ne m'empêchera de vous dire que, comme gouvernement établi, comme gouvernement logique, comme gouvernement seul possible, quant à présent, soit comme définitif, soit même comme transitoire, il serait non-seulement insensé, mais désastreux de porter sur elle une main ennemie. En face du suffrage universel et dans les circonstances actuelles, toute tentative subversive, autre que par la voie pacifique et légale du scrutin, serait un crime politique, plus encore, une faute irréparable.

Nous voulons, n'est-il pas vrai, que le suffrage universel soit respecté à l'avenir, respectons-le au présent. Une Assemblée a été élue par la nation : des hommes qui ont tenté de la violer, sont considérés à bon droit comme sacriléges; en cette qualité, ils figurent aujourd'hui sur les bancs d'une cour d'assises. Une constitution est née de cette même Assemblée, respectons cette constitution, si nous voulons qu'à l'avenir les assemblées nouvelles émanées du sein même du pays, et les institutions qui pourraient en découler soient entourées du même respect. Soyons justes aujourd'hui, demain et toujours. Respectons en tout temps la volonté du pays, librement et légalement exprimée. Voici donc mon dernier mot sur la République ; je ne pourrais comprendre qu'il ne fût pas celui de tout le monde : tant que la France la voudra, je la veux fermement. S'il advenait qu'un jour, par des circonstances qu'il ne m'est pas donné de prévoir, elle la repoussât, comme il est plus que probable qu'elle aurait pour cela de bonnes raisons, je saurais alors aussi bien que vous, Messieurs, en faire le sacrifice. En toute circonstance, que la volonté du pays soit respectée ; elle doit l'être, elle le sera.

Dans cette pensée énergiquement comprise, ne pourrions-nous pas dès aujourd'hui puiser la confiance nécessaire pour raviver le crédit, source de toute richesse, et répandre dans les esprits le calme, source de tout bien-être. Là est la fusion nécessaire des partis ; là est l'obstacle contre lequel les mauvaises passions viendront toujours se briser.

Eh bien ! Messieurs, je porte ici la parole au nom des républicains, qui ne me démentiront pas, puisqu'ils ne pourraient le faire sans être surpris en flagrant délit de mauvaise foi. Je parle donc en leur nom et m'adressant aux monarchistes, je leur dis :

Nous avons une république, elle nous est sympathique ; nous l'avons appelée, nous souhaitons vivement son maintien. Nous savons qu'elle n'est possible qu'en respectant les droits de tous, en sauvegardant les intérêts, en inspirant la confiance ; mais aussi, c'est comme cela que nous la voulons et *non autrement*. Au reste, nos sympathies personnelles ne sont point une loi pour le pays dont nous respecterons toujours les décisions. A cela nous répondons au nom des monarchistes, qui ne nous démentirons pas davantage. Vous venez, messieurs les républicains, de traduire mot à mot notre pensée tout entière. Qui pourra donc nous diviser, puisque nous sommes si bien d'accord? La destruction de la République, la restauration de la monarchie! nous ne voulons rien de tout cela. La volonté du pays, avec vous, aussi bien que vous; voilà ce que nous voulons, ni plus, ni moins; serrons-nous la main.

Je reprends, Messieurs, et m'adressant directement aux deux partis ainsi réunis dans une pensée conciliatrice, je me permets de dire à la République :

Vous le voyez, personne ne vous fait obstacle, poursuivez donc votre carrière; tâchez qu'elle soit profitable à vos enfants d'adoption. Je vous dirai avec tous les ménagements qui vous sont dûs et dans votre intérêt qu'ils n'auront guère pour vous qu'une affection proportionnée aux bienfaits que vous répandrez sur eux et autour de vous. Tenez-vous donc pour avertie, votre avenir est dans vos mains, ne l'en laissez point échapper.

A la monarchie personnifiée dans son unique représentant, je dirai : Prince, la sagesse de votre conduite passée nous est un garant de celle à venir. Une auréole qui semblait providentielle a lui sur votre berceau. Quel avenir vous est réservé? Dieu seul ne l'ignore pas.

Une barrière vous sépare encore du sol français;

cette barrière, nous le savons, vous ne tenterez jamais de la renverser.

Vous n'en franchiriez le seuil qu'autant qu'elle s'ouvrirait elle-même sous vos pas, et que la France éplorée vous prenant par la main, viendrait vous conjurer de mettre un terme à ses misères.

Cela arrivera si la République ne tient pas tout ce qu'elle promet; si au contraire elle accomplit de glorieuses destinées, alors, sans doute elle sera assez forte, assez généreuse pour vous rappeler dans son sein; et, nous saluerons en vous l'un des plus illustres et des meilleurs citoyens de la République française.

Quoiqu'il advienne, citoyen ou roi, la sympathie de tous les cœurs bien placés vous est acquise.

Terminons ici, chers concitoyens, le cours de réflexions que notre cœur nous inspire et n'abusons pas de votre attention. Résumons-nous et proclamons cette devise irréprochable : Arrière les partis ! Vive la France ! tout *pour* elle, tout *par* elle.

Je n'ajouterai plus qu'un mot relatif à la circonstance des élections prochaines.

A part d'honorables exceptions les suffrages de tout le pays paraissent devoir se porter généralement sur des choix nouveaux.

Des comités s'organisent un peu partout par leur propre initiative ; ils sont dans leur droit ; mais ce droit ne leur confère aucune autorité réelle. Nous ne saurions trop les convier à se rallier à une mesure vraiment large et consciencieuse qu'adoptent en ce moment MM. les Maires de l'arrondissement de Mâcon.

Un grand nombre de mes collègues ont bien voulu spontanément s'y associer, et ont signé avec empressement la lettre suivante que j'ai eu l'honneur de leur proposer :

Monsieur le Maire,

Unis dans une même pensée patriotique et fraternelle, les Maires soussignés, s'adressant avec confiance à leurs honorables collègues de l'arrondissement de Mâcon, pour les déterminer à adopter, de concert, une mesure conciliatrice et nationale qui assure la pleine liberté et l'entière sincérité du vote universel dans les élections générales fixées au 13 mai prochain.

Cette mesure consiste à établir un Comité électoral formé par un délégué de chaque commune ; ces délé-

gués seront choisis par les citoyens qui, émanant eux-mêmes du suffrage universel, sont investis déjà d'un mandat de haute confiance ; par conséquent donneront à leur recommandation plus de garantie pour attirer et justifier les préférences des électeurs. Plusieurs communes pourront choisir le même délégué. Celles dont le nombre d'électeurs atteint quatre cents, auront droit à deux représentants au Comité national des communes ; à trois pour six cents, ainsi de suite en ajoutant un délégué par deux cents électeurs.

Cette mesure que nous proposons à votre patriotisme éclairé répond au désir souvent exprimé déjà par les communes, de se soustraire légitimement à l'influence de certains comités organisés dans les villes, au profit d'ambitions personnelles ou pour servir les combinaisons des partis. L'habitant des campagnes dont les travaux pénibles et assidus assurent la nourriture journalière de la France, doit enfin se faire représenter comme il convient à ses besoins et à ses sympathies.

L'intérêt des villes est analogue à celui des campagnes ; l'agriculture et le commerce se fortifient réciproquement et ne peuvent prospérer l'un et l'autre que par le retour de la confiance ; il faut donc, là où les droits sont égaux, égaliser aussi les moyens de les exercer.

Veuillez, monsieur le Maire, nous vous en prions avec instance, au nom des plus pressants intérêts du pays, réunir au plus tôt, non officiellement mais en *assemblée privée, votre Conseil municipal ainsi que les chefs de la Garde nationale, pour leur donner lecture de ce projet et les inviter à nommer un délégué dont vous voudrez bien envoyer le nom et l'adresse, chez MM. LAMAIN et PRÉVERAUD, notaires à Mâcon. Un avis ultérieur expédié à chacun des élus, leur fera connaître le jour, l'heure et le lieu des séances du Comité vraiment national et populaire de l'arrondissement de Mâcon, qui fait appel à ceux des autres arrondissements qui s'organisent sur les mêmes bases, à l'effet de s'entendre pour former une seule liste, ralliant tous les votes des hommes d'ordre, décidés à faire taire toutes prétentions personnelles devant le vœu libre et sincère de la France.*

Ont signé les Maires des communes de Pierreclos, Bourgvilain, Dompierre-les-Ormes, Brandon, Germolles, Mazilles, Clermain, Montagny, Bergesserin, La Chapelle-du-mont-de-France, Sainte-Cécille, Jologny, Curtil, Massilly, Flagy, Blanot, Chissey, Buffière, Bray, Cherizey, Lournan, Cortambert, Massy, Lavineuse, Château, Salornay.

Un grand nombre d'autres signatures sont déjà recueillies. Il n'y a presqu'aucun doute que tous les maires ne signent sans exception.

Plusieurs délégués sont déjà nommés.

Il serait inutile de former les listes plus de quinze ou

vingt jours avant les élections, et il serait inopportun de produire des noms propres avant que les voix du pays ne s'expriment par l'organe du comité des communes. Les candidats désignés par cette voie auront, sans contredit, des droits bien positifs à la confiance des électeurs.

www.ingramcontent.com/pod-product-compliance
Lightning Source LLC
Chambersburg PA
CBHW071437060426
42450CB00009BA/2216